中国骄傲

中国冬奥 —— 冰雪英雄

主编 柳建伟

北京时代华文书局

《中国骄傲》系列图书编委会

主　　编：柳建伟

编　　委：王晓笛　李西岳　杨海蒂　宋启发
　　　　　张洪波　张　堃　陈怀国　董振伟

特邀顾问：丁　宁　邓琳琳　许海峰　郑姝音
　　　　　赵　帅　徐梦桃　傅海峰　魏秋月

特邀专家：王　姗　王　海　江斌波　安　静　李尚伟
　　　　　李　震　何晓文　庞　毅　崔　莉　魏旭波

（按姓氏笔画排序）

写在前面

《中国骄傲》，如何诞生？

　　1984年洛杉矶夏季奥运会，许海峰一声枪响震惊世界，为中国体育代表团摘得奥运首金。自1984年起，中国体育代表团已经全面参加十届夏季奥运会，中国一步步成长为世界竞技体育强国。在这个过程中，中国体育健儿留下了无数值得铭记的经典瞬间。中国体育健儿的赛场故事，是动人、励志、具有感染力的；中国体育的荣誉瞬间，是辉煌、耀眼、增强民族自信心、提升民族自豪感的……

　　光阴似箭，40年已过，2024年，又是一个"奥运年"。值此之际，我们希望有一套图书可以传承中国体育的拼搏精神，可以让孩子们铭记动人的体育英雄故事，可以帮助孩子们树立正确的价值观、选择合适的励志榜样……《中国骄傲》系列图书应运而生。我们希望用这套图书播下体育强国梦的种子，我们期待这套图书让中国的体育英雄故事跃然纸上，我们憧憬这套图书让更多的孩子爱上体育……

《中国骄傲》，内容如何构成？

　　中国体育代表团的征战史无比灿烂，中国体育健儿的传奇征途无比辉煌，有限的篇幅难以展现全部。在此我们只能选取部分体育项目和部分运动员的故事重点描绘，在这里没有先后、主次排名，只有我们对每一个"中国骄傲"无比的敬意。

　　本套《中国骄傲》有十册呈现给读者，分别是：《中国女排》《中国乒乓》《中国跳水》《中国田径》《中国射击》《中国游泳》《中国体操》《中国羽毛球》《中国时刻》《中国冬奥》。

《中国骄傲》，一直在路上……

　　未来，《中国骄傲》系列图书也将努力呈现中国体育更多的动人篇章，包括夏奥会、冬奥会、残奥会等，我们致敬所有为中国体育倾情付出的传奇英雄。《中国骄傲》系列图书就如同体育赛场的"中国骄傲"，一直在路上……

中国冬奥，冰雪英雄！

冬季奥运会项目在中国经历了漫长的起步阶段，在很长一段时间内，中国的冰雪健儿都奋力前行、努力缩小与高水平运动员的差距。随着群众基础的不断扩大，中国的冰雪运动已经取得了长足的进步。2022年北京冬奥会的成功举办，更是见证了中国冬季运动项目踏上新的征程。

1963年，罗致焕在世界速度滑冰锦标赛男子1500米的比赛中摘金，实现了中国冬季运动项目世界冠军"零的突破"。2002年盐湖城冬奥会，杨扬独揽两枚金牌，书写了中国冰雪运动新的历史。自此，中国冰雪运动进入快速发展的新阶段，短道速滑、速度滑冰、花样滑冰、自由式滑雪、单板滑雪等多个项目遍地开花，涌现了王濛、申雪、赵宏博、高亭宇、苏翊鸣等多位世界级运动员。每一枚奖牌和每一次突破的背后，都记录着中国冰雪运动选手永不停歇的逐梦步伐。

从1980年第一次参加冬奥会，到2022年北京冬奥会结束，中国体育代表团已经参加了12届冬奥会。《中国冬奥》按照不同的项目划分篇章，回顾了中国冰雪健儿的璀璨征途，讲述了中国冰雪健儿的动人故事。无数默默耕耘的冬奥人，以坚毅的信念铸就属于中国的冰雪传奇，有限的篇幅无法写尽所有的传奇故事，每一位为梦想坚定前行的中国冰雪人，都是"中国骄傲"。

卷首语
筑梦之路,不负韶华

从历经艰难终夺首金,到北京冬奥会摘下9金,
中国冬奥人用冰雪与热血融成历史记忆,用汗水与荣誉铸就不朽辉煌。

杨扬飞速冲过终点,实现中国冬奥金牌"零的突破"。
中国短道速滑如燎原之火,将速度与激情燃烧在冰面之上。
2010年温哥华冬奥会狂揽4金,冬奥会历史独揽12金,他们缔造传奇。

叶乔波用不屈的斗志,为中国拼出第一枚冬奥奖牌。
中国速度滑冰如江河奔腾,气势磅礴地冲向逐梦之路的终点。
从动人的"乔波精神",到高亭宇兑现金牌诺言,他们日就月将,终如愿以偿。

韩晓鹏一跳成名天下知,徐梦桃四战奥运终登最高领奖台。
中国自由式滑雪如飞鸟逐日,惊险刺激之中彰显冷静与勇敢。
因热爱而坚持、因梦想而坚定,他们让五星红旗飘扬在雪峰之巅。

陈露挥泪告别完美谢幕,申雪/赵宏博克服万难终圆梦。
中国花样滑冰如冰上芭蕾,优美的舞姿诉说着冰雪人的坚忍与执着。
从艰难起步到冬奥会两度夺金,他们日积跬步,终至千里。

中国冰雪几十年风雨兼程,征途漫漫,
但犹如中华民族伟大复兴的强劲步伐永不停歇。

目 录

01
第一章
速度与激情
——短道速滑

15
第二章
挑战极限
——自由式滑雪

25
第三章
冰上舞者
——花样滑冰

35
第四章
冰上飞人
——速度滑冰

43
第五章
冰雪英雄梦
——永不停歇

50
致敬
冬奥会英雄谱

53
冬奥会小百科

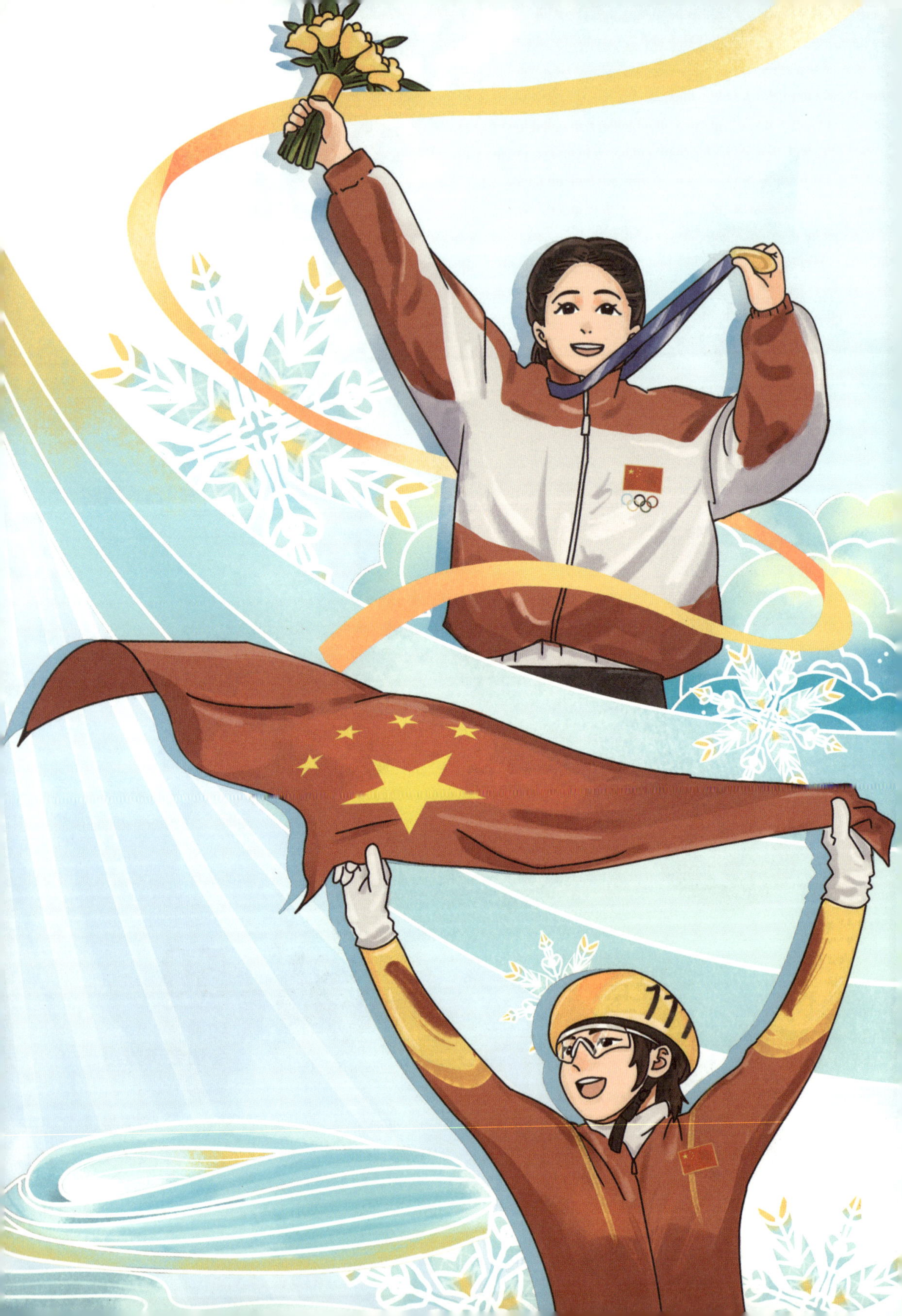

第一章

速度与激情
——短道速滑

当杨扬冲过终点，获得中国第一枚冬奥金牌；当王濛一骑绝尘，单届冬奥会豪取3金；当周洋索契卫冕创历史，武大靖平昌摘金终圆梦……中国短道速滑队无愧于"冰上尖刀"的美誉，他们创造了无数让人心潮澎湃的传奇时刻。雪白的冰面，见证他们滑出中国速度，演绎中国激情。

短道速滑奠基人

中国冬奥健儿的冬奥会征战史,是一部不断突破的历史,李琰毫无疑问是突破的先锋。

运动员时代,她实现中国短道速滑冬奥奖牌"零的突破",成为中国队荣耀征途中的奠基人;教练员时代,她帮助中国短道速滑队缔造辉煌,让该项目成为冬奥会中国体育代表团的王牌项目。

1988年卡尔加里冬奥会,瘦弱的李琰一鸣惊人,在短道速滑女子500米和1500米的比赛中拿到铜牌。**短道速滑女子1000米的比赛中,她滑出1分39秒的成绩,破世界纪录夺金**。但彼时的短道速滑为表演项目,该项目的奖牌不计入正式的奖牌统计之中。

1992年阿尔贝维尔冬奥会,短道速滑成为正式比赛项目,李琰迎来里程碑时刻,她在短道速滑女子500米的比赛中摘银,实现中国短道速滑冬奥奖牌"零的突破"。

自此之后,杨扬、王濛、周洋、武大靖、任子威等一代代中国短道速滑名将,开启争金夺银、闪耀世界的璀璨征程。

"有心人"圆梦盐湖城

1998年长野冬奥会，杨扬在短道速滑女子1000米决赛中率先通过终点，却因争议判罚被取消成绩。2002年盐湖城冬奥会，杨扬在自己的强项短道速滑女子1500米的比赛中折戟。作为冬奥会中国体育代表团中冲击首金的重点选手，杨扬苦求冬奥金牌而不得。

当地时间2月16日，2002年盐湖城冬奥会短道速滑女子500米决赛打响，杨扬站在第一道。起跑不是杨扬的强项，但这位"有心人"却底气十足。过去几天她在候场区，一次次听着场内裁判员发令的声音，模拟出发场景。

这样的训练起到了绝佳的效果，杨扬罕见地在起跑占到优势，一马当先取得完美开局。**500米的比赛，时间转瞬即逝。杨扬牢牢把握住优势，以44秒187的成绩率先通过终点！**

冬奥会中国体育代表团的首金诞生了，杨扬一扫长野冬奥会金牌被剥夺的遗憾，一扫盐湖城冬奥会首战失利的阴霾，她紧握双拳激动庆祝。站在颁奖台上的杨扬一手高举鲜花，一手展示追寻已久的冬奥会金牌。

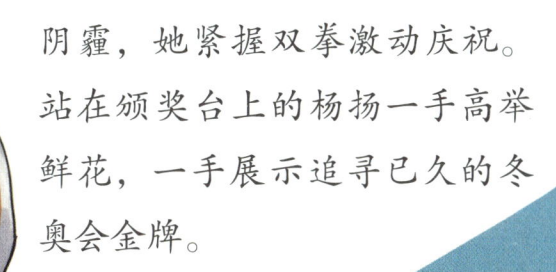

2金1银！
杨扬站上巅峰

自1980年首次征战冬奥会以来，中国体育代表团历经22年的艰苦奋斗，终于实现历史性突破。杨扬的名字被载入史册，但她的耀眼征程还没有结束。当地时间2月20日，杨扬与队友搭档拿下短道速滑女子3000米接力银牌。

3天之后，短道速滑女子1000米决赛打响。杨扬和队友杨阳携手闯入决赛，两人打出完美配合。比赛开始后，杨扬采取跟随战术，杨阳则是在第一位领滑。1圈过后，杨扬突然发力冲刺到第二的位置，两名中国选手保持领先。

韩国选手高基玄奋起直追，前半段蓄力的杨扬此时牢牢占据第一的位置，最终她以1分36秒391的成绩险胜高基玄摘金。**杨扬和拿到铜牌的杨阳高举双手，享受观众的欢呼。**

领奖台上，两名中国选手面露笑容。杨扬单届冬奥会收获2金1银，盐湖城冬奥会中国体育代表团取得的2枚金牌，全部都来自杨扬。

59个世界冠军

盐湖城冬奥会取得大丰收后，杨扬并未停下缔造传奇的脚步。2002年4月的世界短道速滑锦标赛中，杨扬拿到短道速滑女子500米、1000米、1500米的冠军，她还与队友搭档帮助中国队取得女子3000米接力的亚军。

最终，她以总分105分的成绩斩获女子全能第一名，实现世锦赛女子个人全能项目的六连冠，再度完成伟大的壮举。

2006年都灵冬奥会，杨扬作为"三朝老臣"拿下短道速滑女子1000米的铜牌。**三战奥运会，她收获2枚金牌、2枚银牌、1枚铜牌。整个职业生涯，她更是斩获59个世界冠军。**

在中国短道速滑的"破冰时代"，杨扬展现了作为短道王者舍我其谁的霸气。面对挫折、失利，她从不退缩，而是奋勇向前，一次次风驰电掣地冲过终点。

2006年8月17日，杨扬举行了退役仪式，一代传奇就此告别赛场。

1 金牌！"濛时代"来了

2006年都灵冬奥会是杨扬参加的最后一届冬奥会，也是王濛参加的首届冬奥会。中国两代短道王者的传承悄然完成，"濛时代"的画卷徐徐展开。

王濛自幼就展现出不一般的活力，性格调皮的她最喜欢《西游记》，她甚至还把家里电视机的天线拔掉，当成金箍棒玩。冥冥之中，她与孙悟空有着类似的特点：本领高超，性格桀骜。

中国奥运军团在都灵冬奥会的开局接连错失夺金点。运动员食堂里贴着奖牌榜，中国队的金牌数一直是零。王濛回忆道："大家去吃饭时都不好意思抬头看。"

不久后，王濛成为打开局面的那个人。

当地时间2月15日，王濛站在短道速滑女子500米决赛的起跑线前。第一道出发的她一马当先抢到第一，随后的比赛时间里她在冰面上飞驰，让身后的对手望尘莫及。最终她以44秒345第一个通过终点，冬奥会中国体育代表团在都灵的首金终于诞生。

卫冕！王濛展现统治力

颁奖仪式上，王濛自信而骄傲地挥舞着双拳，踏上最高领奖台，她以霸气的姿态向全世界宣告，属于王濛的时代来了。

但彼时的王濛，并未沉浸在喜悦之中。2006年都灵冬奥会短道速滑项目，韩国队拿到6枚金牌，中国队却仅靠王濛拿到1枚金牌。她暗下决心，要帮助中国队拿到更多的金牌。4年之后，她确实做到了。

都灵冬奥会后，王濛开启"金牌收割机"模式，带着火热的状态，王濛出征2010年温哥华冬奥会。

当地时间2月17日，战无不胜的王濛在短道速滑女子500米决赛中滑出43秒048的成绩，毫无悬念地摘得金牌，实现卫冕。银牌得主玛丽安·圣格莱斯在领奖台上笑着为王濛鼓掌，这一幕成为冬奥会历史上极其经典的画面。

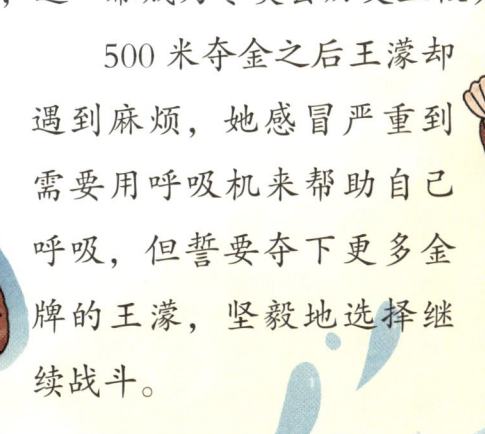

500米夺金之后王濛却遇到麻烦，她感冒严重到需要用呼吸机来帮助自己呼吸，但誓要夺下更多金牌的王濛，坚毅地选择继续战斗。

"三金王"！王濛兑现诺言

当地时间2月24日，短道速滑女子3000米接力决赛打响，中国队和韩国队迎来正面交锋。韩国队虽然第一个通过终点，但因犯规被取消成绩，中国队以4分6秒610的成绩，打破该项目世界纪录夺金，终结了韩国队在该项目中的奥运四连冠。

此前王濛和周洋分别拿下短道速滑女子500米和1500米金牌，中国奥运军团距离包揽单届奥运会短道速滑女子项目全部金牌仅一步之遥。

2天后的短道速滑女子1000米决赛，王濛以1分29秒213的成绩惊险夺金，单届奥运会豪取3金，而中国女子短道速滑队则是包揽了全部4枚金牌。

除此之外，2010年温哥华冬奥会还诞生了非常经典的画面。在短道速滑女子500米的决赛中，王濛在冲过终点后，朝着恩师李琰的方向上演"惊世一跪"，她重重地磕下两个头，然后滑向教练席与恩师相拥而泣。

颇具个性的王濛，曾与恩师李琰产生过矛盾。但历经千帆，她深知恩师的不易。回忆起这感人的一幕，王濛坦言当时想用这种方式感谢最想感谢的人。

"短道大魔王"

2010年温哥华冬奥会，王濛到达了职业生涯的巅峰，而她还想将辉煌延续下去。备战2014年索契冬奥会的过程中，王濛状态非常好。2013年世锦赛，她再次斩获短道速滑女子500米冠军，这是她第六次获得该项目世锦赛冠军。但随后，命运向王濛揭开了它残酷的一面。

索契冬奥会开始前22天，王濛在训练中与队友相撞，右踝胫腓骨双骨折，最终无缘索契冬奥会，她辉煌的职业生涯也戛然而止。

4枚冬奥会金牌，18枚世锦赛金牌（不含团体世锦赛），多次打破短道速滑女子500米、1000米世界纪录，成为短道速滑女子500米比赛中首位滑进43秒的选手……这一连串伟大到令人咋舌的成绩，足以彰显王濛在短道速滑项目中的统治力。

美国短道速滑名将阿波罗·安东·奥诺的一句话，则更能凸显"短道大魔王"的含义——"短道比赛不可控因素太多，对胜负很难作出绝对准确的判断，但有一个项目是没有任何悬念的，就是女子500米，（冠军）肯定是王濛的。"

周洋终结韩国队连冠

短道速滑女子1500米在2002年才成为冬奥会正式比赛项目，前两届冠军都被韩国队斩获。2010年温哥华冬奥会，18岁小将周洋横空出世，帮助中国短道速滑队实现突破。

半决赛结束之后，中国队仅剩"独苗"周洋。初登奥运赛场的她心里咯噔一下，对孤军奋战的前景感到担忧。面对三名韩国选手，决赛前周洋拼命鼓励自己："周洋你能行！"

当地时间2月20日，温哥华冬奥会女子1500米决赛进程跌宕起伏。周洋在半程时遭遇碰撞跌到中游，倒数第三圈她开始发力，风驰电掣甩开所有选手。最终她以2分16秒993首个通过终点，打破该项目冬奥会纪录拿到冠军。

回顾夺冠征程，周洋坦言在高度紧张之下，她只想着拼命往前滑，脑子里只有一个念头："她们别追上我！"

周洋微笑着登上领奖台，这场奇迹之战改写了中国短道速滑的历史。除此之外，这届冬奥会周洋还与队友搭档获得了短道速滑女子3000米接力冠军。

捍卫荣耀！索契卫冕

2014年周洋再次踏上冬奥会的赛场，由于王濛的意外受伤，周洋已然是中国女子短道速滑队的领军人。更加成熟自信的她，在索契冬奥会再创历史。

当地时间2月15日，索契冬奥会短道速滑女子1500米决赛，周洋与队友李坚柔携手出战。比赛还剩八圈时，包括李坚柔在内的三名选手意外摔倒，场上仅剩四人，周洋稳健地滑在第三位。比赛还剩最后五圈时，周洋发力追至第二。

最为精彩的时刻随后出现，周洋在比赛还剩最后两圈时上演漂亮的内切，超越韩国名将沈石溪升至第一。冲刺阶段她首个通过终点，以2分19秒140的成绩夺冠。

周洋高举双拳霸气庆祝，随后与中国队教练组成员兴奋拥抱。**她成为短道速滑女子1500米项目中，首位实现连续两届冬奥会夺金的选手。**

两届冬奥会拿下三金，小将终成传奇。2018年平昌冬奥会，第三次征战冬奥会的周洋成为中国体育代表团旗手，她挥舞国旗迈步向前，给自己的传奇生涯再添荣耀。

"冰上坚守者"李佳军

中国短道速滑队曾在1998年长野冬奥会，无限接近于拿到首金。李佳军在短道速滑男子1000米比赛中，以0.053秒的微弱劣势，输给了韩国选手金东圣。遗憾摘银的李佳军，实现了中国男子选手冬奥奖牌"零的突破"。长野冬奥会，李佳军还与队友搭档斩获男子5000米接力的铜牌。

彼时还不到23岁的李佳军恐怕没有想到，冬奥金牌会成为他穷尽职业生涯都未能实现的梦想。

男子短道速滑领域，欧美和韩国的高手不断涌现。**李佳军成为"冰上坚守者"**，他在2002年和2006年又两战冬奥会，收获1银2铜。2006年都灵冬奥会后，李佳军选择退役。回顾职业生涯时他也感叹："说不遗憾是假的，做运动员这么多年，谁不想拿奥运会冠军啊？"

在中国男子短道速滑的起步阶段，这位坚守者不畏强敌，奋勇争先，虽未能站上冬奥会最高领奖台，但他的表现鼓舞无数中国男子短道速滑运动员继续奋斗，他的梦想终将由后辈替他实现。

武大靖破世界纪录摘金

2018年平昌冬奥会，中国男子短道速滑迎来突破时刻，在男子500米的比赛中，武大靖势如破竹，以绝对实力摘金，两破世界纪录。

武大靖在预赛中就滑出40秒264的成绩，打破该项目奥运会纪录。半决赛，武大靖已经滑完一半的赛程，却被告知要重新比赛。体能消耗巨大的他咬牙坚持，又以39秒800的成绩打破该项目的世界纪录。

当地时间2月22日，激动人心的短道速滑男子500米决赛打响。武大靖在第一道出发，面对林孝埈和黄大宪这两名韩国选手，武大靖用完美的起跑占据首位。**随后他没有给对手任何机会，以王者姿态一路领先，并以39秒584的成绩再破世界纪录夺金。**

武大靖与恩师李琰拥抱庆祝，他帮助冬奥会中国体育代表团斩获平昌冬奥会首金。领奖台上，武大靖眼含热泪，用手指指向衣服上的五星红旗。中国男子短道速滑队通过几代人的努力，终于等到夙愿实现的时刻。

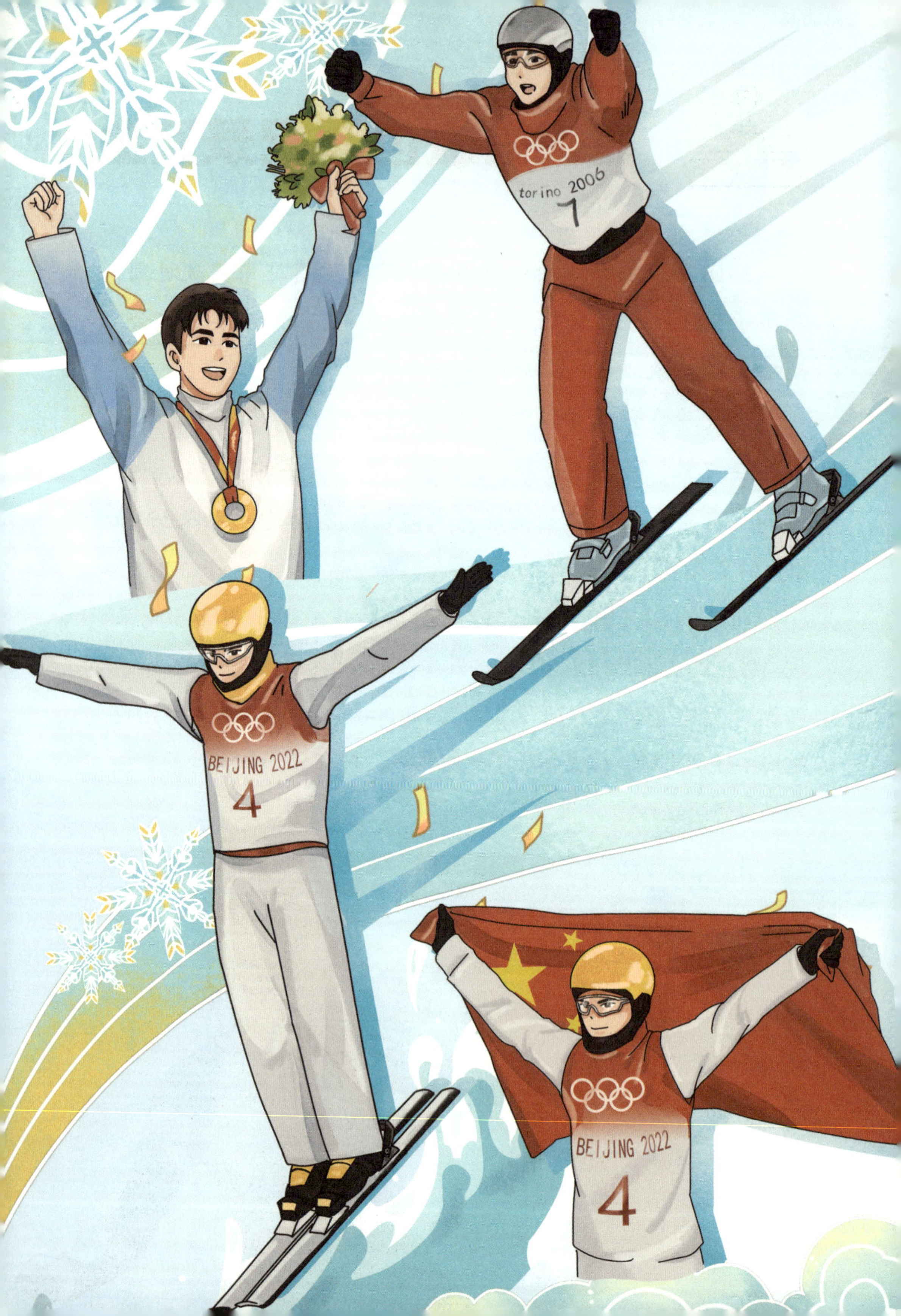
torino 2006
7
BEIJING 2022
4
BEIJING 2022
4

第二章

挑战极限
——自由式滑雪

他是韩晓鹏，超级黑马一跳成名，天下皆知；他是齐广璞，孤注一掷终圆梦，拼得荣耀；她是徐梦桃，四战奥运倾其所有，诠释热爱；她是谷爱凌，天才少女永不畏惧，为梦追逐。漫天白雪见证了中国自由式滑雪人的逐梦之路，因热爱而坚持、因梦想而坚定的中国自由式滑雪人，永远在努力冲向梦寐以求的巅峰。

超级黑马韩晓鹏

早在1998年长野冬奥会，中国队就在自由式滑雪空中技巧项目中拿到过银牌，但在几代人的努力下还是未能实现金牌梦想。2006年都灵冬奥会，突破时刻来临。

韩晓鹏来自江苏徐州，而江苏并非中国传统意义上的冰雪强省。首次前往沈阳开始自由式滑雪空中技巧项目的训练时，12岁的他甚至还不会滑雪。教练只能骑着摩托车拖着他，让他尽快学会。

2001年，他在备战2002年盐湖城冬奥会时，遭遇右膝十字韧带和内侧副韧带断裂的重伤。他顽强地接受康复训练，最终走上了盐湖城冬奥会的赛场，却仅仅收获预赛第24名。

站在2006年都灵冬奥会的赛场上时，韩晓鹏已经具备了冲击金牌的实力，但赛前他给自己定的目标是进入前六名。

预赛中，超级黑马已经隐隐展现出实力。两跳完美发挥拿到250.45分，韩晓鹏以预赛第一晋级决赛。决赛前夜，韩晓鹏紧张到严重失眠："半夜3点都没睡着，躺（在）床上全身发汗，胡思乱想。"

当地时间2月23日，都灵冬奥会自由式滑雪男子空中技巧决赛打响。夺冠热门选手德米特里·达辛斯基第一跳完美发挥，取得了131.42分的高分，韩晓鹏以130.53分排名第二。

第二跳达辛斯基延续稳定表现，再度跳出117.26分。此时他甚至已经拿出白俄罗斯国旗，准备为夺金庆祝。

但韩晓鹏并没有放弃，此前严重失眠的超级黑马，此刻展现出无惧无畏的气魄。**鲲鹏展翅腾空起，惊鸿一跃创奇迹，韩晓鹏完美地完成空中动作并稳稳落地。**

韩晓鹏的成绩出炉，120.24分，他以总分250.77分摘金！达辛斯基默默收起国旗，五星红旗开始在赛场飘扬！

在阿尔卑斯山巅，中国几代雪上项目运动员的梦想终于实现，韩晓鹏拿到了中国男子选手的首枚冬奥会金牌，这也是中国雪上项目的首枚冬奥会金牌。

从12岁还不会滑雪的少年，到站上冬奥会之巅；从盐湖城冬奥会的预赛第24名，到都灵冬奥会冠军，韩晓鹏一跳成名天下知。

"难度王"齐广璞

自由式滑雪男子空中技巧项目中，齐广璞是不折不扣的"难度王"，这名"比赛中成熟稳定，生活中玩笑人生"的选手，天生喜爱挑战高难度。世界杯、世锦赛的赛场上，他凭借自己的高难度动作，多次拿到冠军。但他三战冬奥颗粒无收，从未站上过领奖台。

2022年北京冬奥会自由式滑雪男子空中技巧预赛，齐广璞和贾宗洋表现出色，他们没有受到此前混合团体摘银的影响，顺利闯入决赛。

2月16日的决赛，齐广璞延续了出色的表现，他孤身一人进入最后只剩6名选手的决战之中，成为中国队夺金的唯一希望。第三个登场的他，毫无悬念地选择了难度系数5.0的动作——"向后翻腾3周转体1800度"。**这是自由式滑雪空中技巧项目中难度最高的动作，在空中的短短几秒内，运动员要翻腾3周还要转体5圈。**

为梦想放手一搏的时刻，"难度王"继续选择挑战高难度动作。

齐广璞闭上双眼，在脑海中演练着动作。随后他毅然朝着梦想出发，腾空而起，挑战高难度的翻腾转体。在一片惊呼声之中，齐广璞稳稳落地。

齐广璞近乎完美地完成了这个挑战人类极限的动作，他弯腰掩面，此时激动的泪水已经浸湿了雪镜。当齐广璞站起身来，迎接他的是全场观众的欢呼。五星红旗在夜晚的雪地里本就鲜艳，如今更是闪耀着别样的红。

129分！齐广璞拿到了一个十分出色的分数，伴随着最后三名选手结束比赛，齐广璞以巨大优势斩获冠军！

这名有多个世界杯和世锦赛冠军傍身的老将，终于在第四次参加冬奥会的征程中，实现了摘取冬奥会金牌的梦想，也实现了该项目上的"大满贯"。

倾其所有徐梦桃

1998年长野冬奥会，徐囡囡在自由式滑雪女子空中技巧的比赛中摘银。从1998年到2018年，中国女子自由式滑雪空中技巧队交出冬奥会5银2铜的答卷，距离金牌咫尺之遥但又遗憾错过，徐梦桃便是追寻金牌征途中的一员。

2007年全国锦标赛，**徐梦桃遭遇右膝前十字韧带断裂的重伤，她腿上打着钢钉征战2010年温哥华冬奥会**，但最后一跳未能站稳，仅获第6名。2014年索契冬奥会，她最后一跳落地时又未能站稳，含泪摘银。2018年平昌冬奥会前，她遭遇左腿前十字交叉韧带断裂的重伤，冬奥会上她仅获第9名。

2022年北京冬奥会，在率先进行的团体赛中，徐梦桃代表中国队出战，最终遗憾摘银。想要实现奥运金牌梦，徐梦桃只剩"华山一条道"——在自由式滑雪女子空中技巧的比赛中问鼎。

决赛首轮，徐梦桃获得103.89分，挺进终极决战——6名选手一跳定胜负。来自白俄罗斯的汉娜·胡什科娃超水平发挥，跳出107.95分。

徐梦桃顶着压力站上雪道，她俯身冲下，随后腾空而起，在空中快速翻转，一气呵成，稳稳落地。

徐梦桃奉上近乎完美的表演，她高举双手迎接全场的欢呼。凭借这一跳，徐梦桃获得108.61分暂列第一，她眼含热泪、高声怒吼。最后登场的美国选手阿什莉·考德威尔仅拿到83.71分。"四朝元老"徐梦桃凭借完美一跳，终圆奥运金牌梦。

现场的观众为徐梦桃送上欢呼，就连对手们也纷纷向这位为梦想坚持的老将送上祝福。**徐梦桃身披国旗高喊："我是第一吗？我是第一吗？"这成为2022年北京冬奥会赛场上最为感人的画面。**

徐梦桃嘶吼着庆祝，跪地哭泣。她高呼："我们做到了！"中国女子自由式滑雪空中技巧队终于实现奥运金牌"零的突破"，徐梦桃也在历经4届奥运会的洗礼之后实现了梦想。

这位5次拿到世锦赛金牌的老将，给本就辉煌的职业生涯添上了最浓墨重彩的一笔，实现了该项目的"大满贯"。

夺金之后，徐梦桃激动地说道："请所有人都不要放弃努力，你的努力一定会在最关键的时候去帮助你。"

因热爱而坚持、因梦想而坚定的徐梦桃，得到了最好的回报。

天才少女谷爱凌

自由式滑雪领域，冬奥会中国体育代表团一直主攻空中技巧项目。在诸如大跳台、坡面障碍技巧等项目中，中国队迟迟未有突破。2022年北京冬奥会，谷爱凌改变了这一局面。

2月8日，北京冬奥会自由式滑雪女子大跳台决赛，谷爱凌第一跳发挥出色，拿到93.75分，第二跳选择了难度相对低的动作，得到88.50分。根据取三跳中成绩最好的两跳计分的比赛规则，谷爱凌想要夺金，最后一跳必须完美发挥。

压力之下，不满19岁的小将选择了"偏轴转体两周1620度"的超高难度动作，此前她从未在比赛中挑战过这个动作。

全场观众屏住呼吸，谷爱凌自信而坚定地出发。她腾空而起，在空中完美地完成了动作，随后稳稳落地。**当听到现场播报员读出94.50分的分数时，谷爱凌喜极而泣。**

凭借惊天一跃成功逆转，

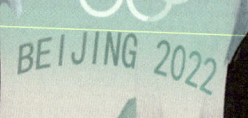

谷爱凌拿下金牌，实现冬奥会中国体育代表团在该项目金牌"零的突破"。国际奥委会主席托马斯·巴赫与她击拳庆祝，谷爱凌开心地说："今天是我人生最高兴的一天，最后一跳我做了一个从来没有挑战过的动作，向世界展现（了）我自己的能力。"

夺得自由式滑雪大跳台冠军之后，谷爱凌又在北京冬奥会自由式滑雪坡面障碍技巧的比赛中摘银。身兼三项的她还实现完美收官，在自己最为拿手的自由式滑雪U型场地技巧的比赛中，毫无悬念地摘下金牌。

2022年北京冬奥会，她狂揽2金1银，成为当届冬奥会夺得金牌和奖牌最多的中国选手，不满19岁的她闪耀冬奥赛场。

这名3岁就接触滑雪、早早在各项大赛中崭露头角的小将，被世人称作天才少女。但她总会纠正人们的这个说法："天赋只占0.1%，不然我的努力就被辜负了。"

极具天赋又极度勤勉努力，赛场之上还总能依靠自信和魄力超水平发挥，造就了谷爱凌在北京冬奥会上的神奇表演。她如同一道明媚的阳光，闪耀在奥运会中国体育代表团的历史之中。

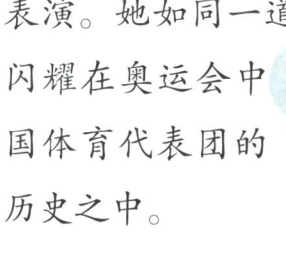

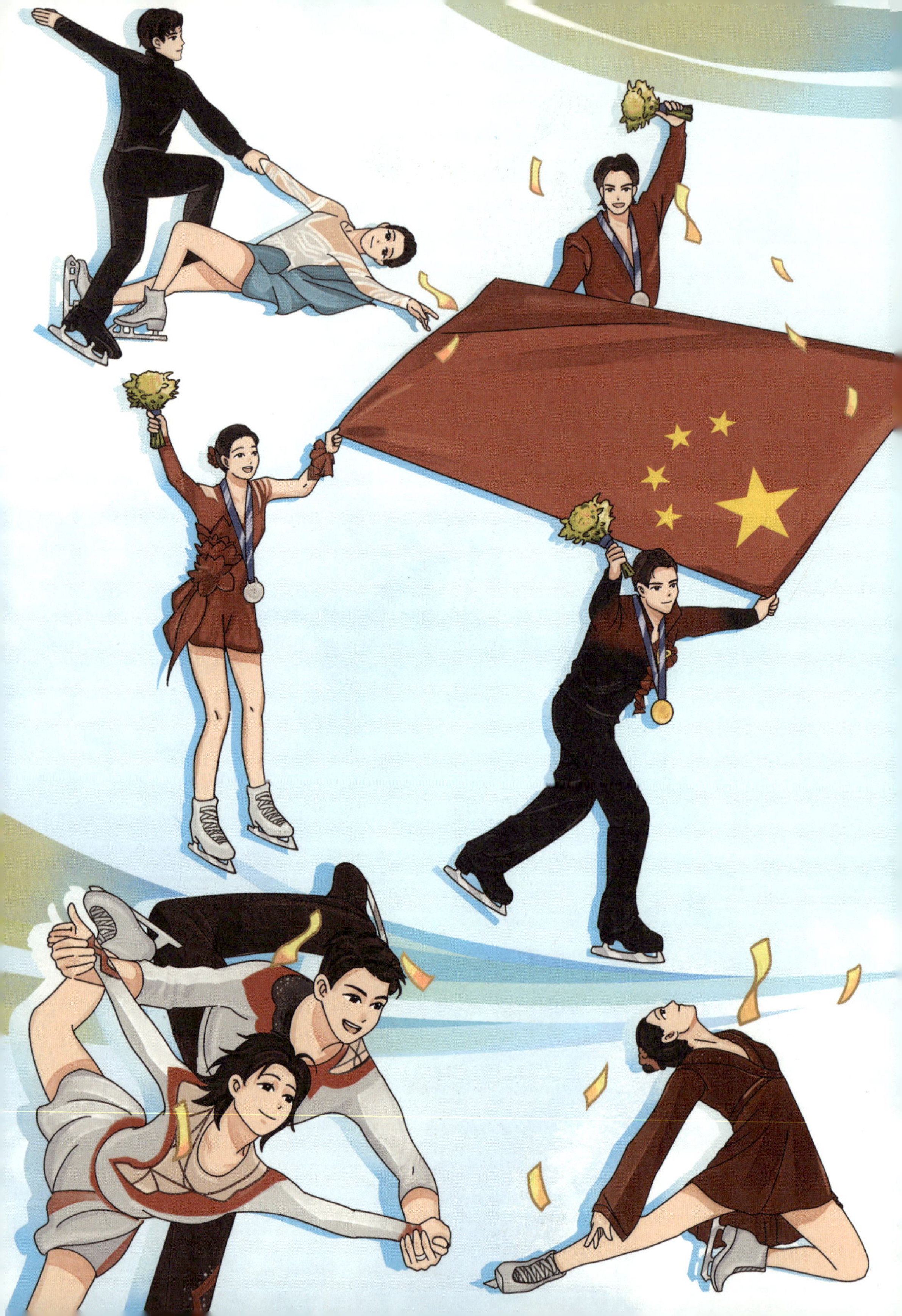

第三章

冰上舞者
——花样滑冰

如梦如幻的冰面，见证了中国花样滑冰的崛起之路。陈露两夺奥运奖牌挥泪谢幕，她是孤独的"破冰者"；申雪/赵宏博璀璨绽放实现"零的突破"，他们是坚定的"破冰者"；隋文静/韩聪不惧失败圆梦北京，他们是无畏的"破冰者"。日积跬步，终至千里，花样滑冰早已成为中国队的王牌项目。

绽放！首登世界之巅

早年间，中国花样滑冰艰难起步，姚滨是其中的佼佼者。1983年世界大学生冬季运动会上，姚滨和搭档栾波收获一枚铜牌，那是中国花样滑冰在世界大赛的首枚奖牌。1984年萨拉热窝冬奥会，姚滨与搭档栾波开启了中国花样滑冰双人滑的第一次冬奥会之旅，虽然成绩不理想，但已经创造历史。

退役之后的姚滨成为花样滑冰教练，申雪/赵宏博这对组合，便是姚滨教练生涯中非常得意的弟子。1998年首战冬奥会，申雪/赵宏博斩获花样滑冰双人滑第5名，创造中国队在这个项目中的最好成绩。

2002年盐湖城冬奥会，申雪/赵宏博选择《图兰朵》作为双人自由滑的表演曲目，这首以中国历史故事为背景创作的音乐，被两人深情演绎。从抒情到激情，从绝望到辉煌，他们将东方韵味彰显得淋漓尽致，可惜在完成难点动作时出现失误，最终两人收获了一枚宝贵的铜牌，实现了中国双人滑奥运奖牌"零的突破"。

2002年3月的世锦赛，两人磨合得日臻成熟，他们再次演绎了《图兰朵》，最终收获世锦赛冠军。

涅槃重生终夺金

从艰难起步到世锦赛夺冠，中国花样滑冰双人滑走过艰难的攀登之路，但奥运金牌依旧是未竟的梦想。

2005年8月，正在备战2006年冬奥会的赵宏博遭遇左脚跟腱断裂的重伤。顽强的赵宏博以惊人的毅力迅速恢复重回赛场，最终申雪/赵宏博再次收获一枚冬奥会铜牌。谈及这场比赛，赵宏博百感交集："这是我运动生涯中磨难最多的一次比赛，能滑出这样的成绩，我已经非常开心了。"

在此之后，两人选择退役。然而两年之后，他们决定回归赛场——归来，只为奥运冠军。

2010年温哥华冬奥会花样滑冰双人滑短节目比赛，两人斩获76.66分，排名第一。当地时间2月15日，花样滑冰双人滑自由滑的决战开始。申雪/赵宏博选择《G小调柔板》作为表演曲目，两人的表现完美匹配婉转悠扬的旋律和深沉激荡的情感，抛跳动作也近乎完美。

完成表演后赵宏博久久不愿起身，如梦如幻的冰面定格了两人的奥运最后一舞。现场播报员宣读完比赛结果后，申雪激动落泪。**总分216.57分，申雪/赵宏博终圆冬奥金牌梦。**

创世界纪录的银牌

2006年世锦赛庞清/佟健携手夺冠，成为申雪/赵宏博之后，又一对拿到世界冠军的中国双人滑组合。2010年温哥华冬奥会，他们同样是双人滑冠军的有力竞争者，然而意外却不期而至。

双人滑短节目比赛，两人出现了让人沮丧的失误，因为超时仅仅拿到71.50分，排名第4。庞清/佟健都有些泄气，回忆起当时的状况，佟健说："最后的自由滑想上领奖台太难了。"

然而彻底卸下包袱的两人，却滑出了职业生涯的最佳表现。庞清/佟健完美地演绎了一曲《追梦无悔》，无论从技术完成度还是艺术表现力，都发挥出了顶级的水准。**最终两人在自由滑中收获了141.81分，打破花样滑冰双人滑自由滑得分的世界纪录。**

逆转摘银让两人沉浸在喜悦之中，佟健感叹道："确实来之不易，所以非常开心。"

2010年温哥华冬奥会的花滑赛场，是属于中国花样滑冰的巅峰时刻。

领奖台上
深情一吻

颁奖仪式上，申雪/赵宏博和庞清/佟健一起亮相，两对组合同时登上领奖台。

申雪/赵宏博结束了俄罗斯选手在花样滑冰双人滑项目中长达46年独占鳌头的局面，收获了宝贵的金牌，这是中国花样滑冰历史上的首枚奥运金牌。

参加过1984年萨拉热窝冬奥会的姚滨，见证了爱徒的圆梦时刻，他罕见地泪洒现场。历经26年，中国花样滑冰完成了从艰难参赛到一举登顶的梦幻旅程。

两面五星红旗升起，赵宏博深情亲吻申雪，这对冰上伉俪享受着来自全场的欢呼。 申雪/赵宏博和庞清/佟健一起举着五星红旗，滑行在雪白的冰面上。

2013年，赵宏博正式成为中国花样滑冰队双人滑主教练，继承了恩师姚滨的衣钵。作为教练，赵宏博也在2022年北京冬奥会的舞台上，见证了自己的弟子成为奥运冠军。

赢得全场欢呼的银牌

2006年都灵冬奥会的花样滑冰赛场，来自中国的张丹/张昊虽然是银牌得主，却赢得了全场最多的欢呼声。

面对强手如林的竞争环境，两人在表演中选择了"抛四周跳"的高难度动作。这个动作要求张昊抛起张丹，后者在空中完成四周旋转。

比赛开始后两人的表现近乎完美，但在"抛四周跳"环节，张丹落地不稳，重重地摔倒在地上，现场观众发出一阵惊呼。摔倒时，张丹的膝盖直接撞到了冰面上，随之而来的疼痛感让她连滑行都有些困难。

张昊把搭档搀扶到场边，张丹缓了一下后选择继续完成比赛，她拖着受伤的腿重回赛场，全场响起了雷鸣般的掌声。**张丹似乎忘却了疼痛，她像冰上的精灵般裙摆飞扬，顽强且出色地完成了后续所有动作。**

最终张丹/张昊收获银牌，创造了彼时中国花样滑冰历史上的奥运最好成绩。张丹眼含热泪接受全场欢呼。

摔倒了爬起来，忘却疼痛继续战斗。张丹彰显的奥运精神，早已超越了比赛本身。

"冰上蝴蝶"挥泪谢幕

中国花样滑冰实现冬奥奖牌"零的突破",是在女子单人滑项目中。

1994年利勒哈默尔冬奥会,不满18岁的陈露震惊世界。自由滑的表演中,陈露选择《风之谷》作为表演曲目,她笑靥如花演绎雄浑的交响乐。来自东方的冰上精灵征服了裁判,最终她收获铜牌,实现中国花滑奥运奖牌"零的突破"。

1995年,陈露在花样滑冰世锦赛中加冕世界冠军!**自由滑的比赛中,她以一袭红衣惊艳登场,在《末代皇帝》的背景音乐中,无可挑剔地完成五个"三周跳",在场的中国记者形容她是孤独的"花样滑冰皇后"。**

1998年长野冬奥会,陈露演绎最后一舞。在自由滑比赛中,她的表演与婉转悠扬、凄切空幽的《梁祝》完美契合,她好似一只冰上蝴蝶,翩翩起舞。曲毕,陈露在冰面上痛哭,当值裁判长也被陈露的表演打动。

陈露再度收获一枚冬奥铜牌,成为首位蝉联花滑冬奥奖牌的亚洲选手。迄今为止,陈露在花滑女子单人滑项目取得的成绩,仍然是中国队的历史最佳战绩。

最霸气的宣言

隋文静/韩聪是中国新一代花滑双人滑的领军人，两人在2017年加冕世锦赛冠军，成为中国第三对双人滑冠军组合。2018年平昌冬奥会，志在夺取金牌的两人却收获了遗憾的结局。

平昌冬奥会花滑双人滑短节目的比赛中，隋文静/韩聪拿到82.39分，排名第一。自由滑的比赛中，两人若能正常发挥，金牌就将是他们的囊中之物。

然而两人分别在跳跃动作中出现了失误，虽然以较高的水准完成了整套动作，但在冬奥会这种顶级的赛事中，这样的失误太过致命。最终德国组合阿莉安娜·萨夫申科/布鲁诺·玛索特，以0.43分的优势夺冠，隋文静/韩聪遗憾摘银。

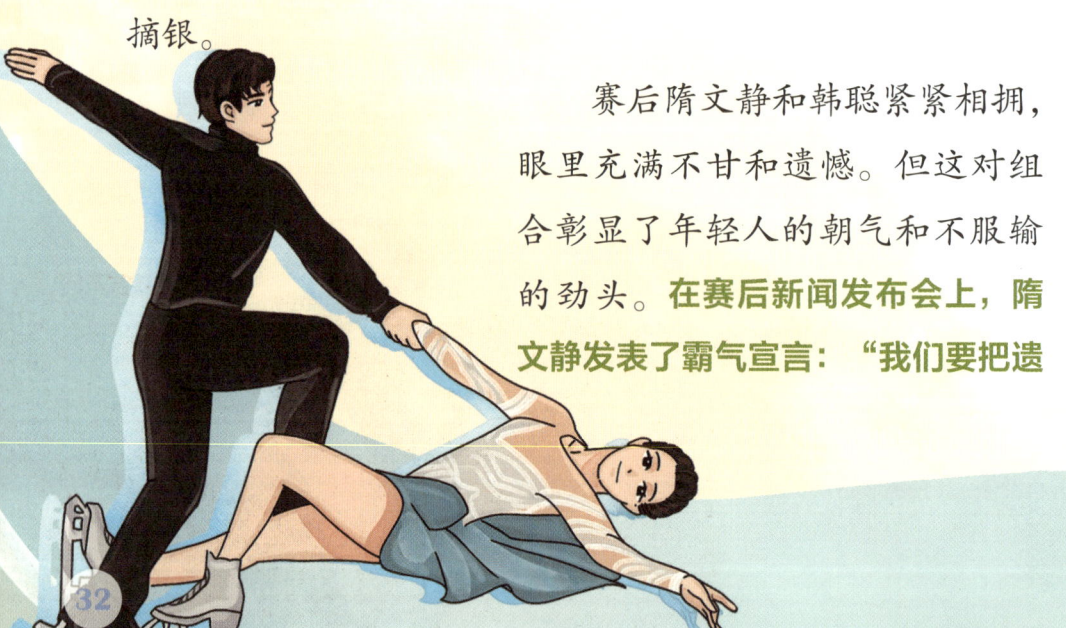

赛后隋文静和韩聪紧紧相拥，眼里充满不甘和遗憾。但这对组合彰显了年轻人的朝气和不服输的劲头。**在赛后新闻发布会上，隋文静发表了霸气宣言："我们要把遗**

憾变成动力，走好我们更好的四年，下一个四年整个世界都是我们的。"

带着必胜的信心，两人踏上了2022年北京冬奥会的征程。历经4年备战，他们能让霸气宣言成真吗？

2022年北京冬奥会花样滑冰双人滑比赛，隋文静/韩聪用近乎完美的双人滑表演，弥补了0.43分的遗憾。

短节目的比赛中，他们以打破世界纪录的84.41分排名第一。2月19日，自由滑的比赛打响。4年前，隋文静/韩聪正是在自由滑的比赛中出现失误。

此番主场作战，两人选择重启《忧愁河上的金桥》作为表演曲目。2017年，他们曾以该曲目拿下世锦赛冠军。

皎洁的冰面见证了隋文静/韩聪令人如痴如醉的完美表演。**艺术表现力十足，技术动作干净利落、无可挑剔，最终两人在自由滑中拿下155.47分，以239.88分打破该项目总分世界纪录，拿下冬奥会金牌。**

隋文静和韩聪相拥而泣，4年备战的疲惫与挫折此时烟消云散。冬奥冠军赵宏博作为主教练，培养出中国花样滑冰新的冬奥冠军，在冰面之上演绎热血澎湃的传承。

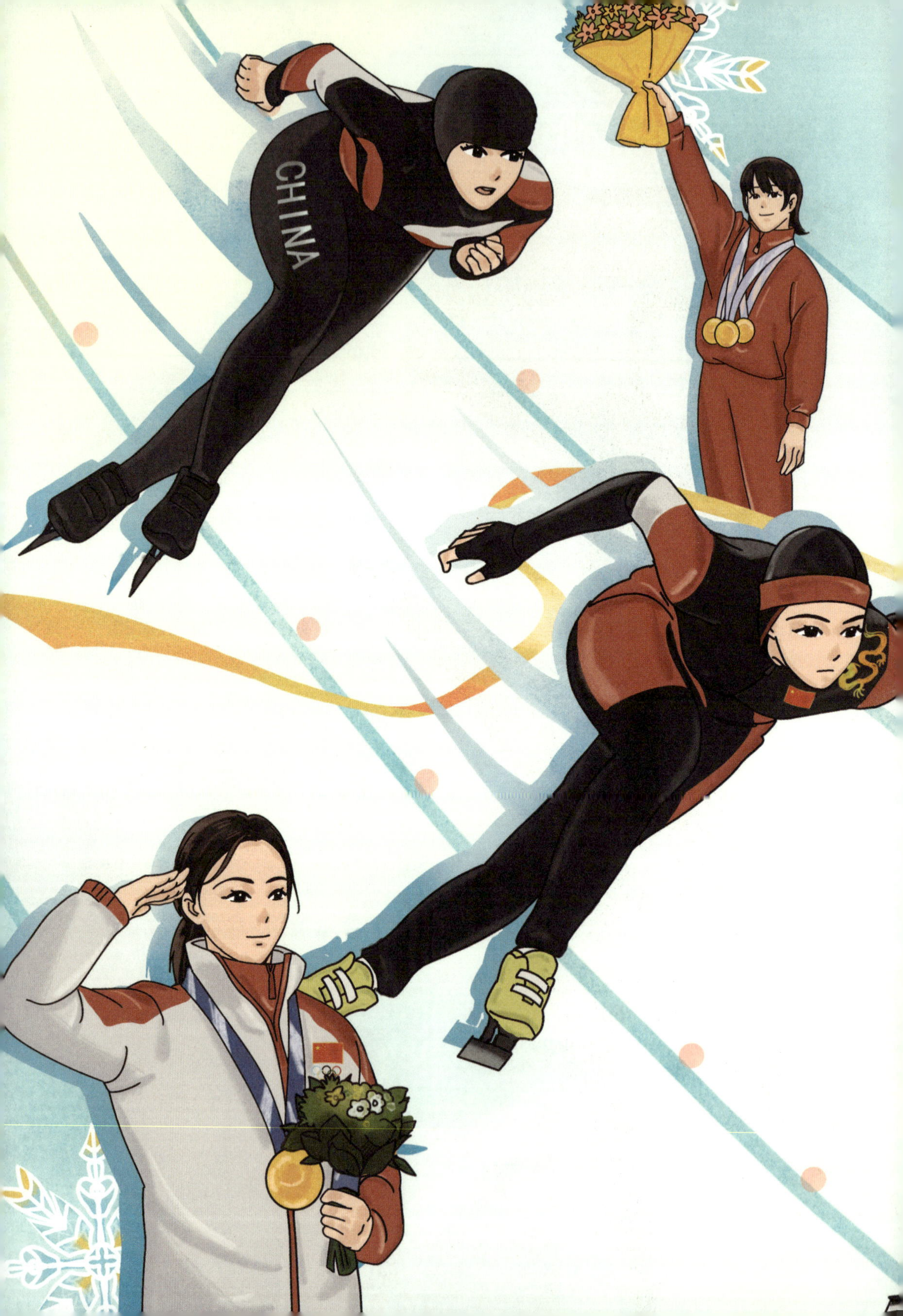
CHINA

第四章

冰上飞人
——速度滑冰

叶乔波无惧伤病倾尽所有，实现中国冬奥奖牌"零的突破"；张虹一战成名终夺金，完成中国速度滑冰等待了34年的梦想；高亭宇一跃而上跳到最高领奖台，兑现了把奖牌换个颜色的承诺。从让中国感动的"乔波精神"，到让中国振奋的速度滑冰飞人，中国速度滑冰诠释了梦想从来都不是触手可及的，日就月将，终会如愿以偿。

修冰鞋的世界冠军

冬奥会中国体育代表团的历史首枚奖牌属于叶乔波，她以"破冰者"的姿态在1992年阿尔贝维尔冬奥会上连摘两银。在那个艰难的时代，叶乔波以非凡的毅力和斗志完成壮举。

1991年世锦赛，叶乔波在速度滑冰女子500米的比赛中夺冠，成为中国首位速度滑冰世界冠军。这次夺冠的背后，隐藏着辛酸的故事。

世锦赛前，叶乔波曾前往韩国参加比赛，比赛的前一天，她的冰鞋突然坏了。当时运动员的后勤保障远不如现在，叶乔波苦寻修冰鞋的地方未果，只能在一家汽修店，自己用电焊修好了冰鞋。

踩着这双冰鞋，她加冕世界冠军，又走上1992年阿尔贝维尔冬奥会的赛场。

作为速度滑冰女子500米的绝对王者，叶乔波具备冲金的实力。然而在决赛中，同组的一名选手没有按照规则在换道区给叶乔波让道，导致两人的冰刀和身体两次碰撞。最终叶乔波滑出了40秒51的成绩，以0.18

秒的劣势惜败美国选手邦妮·布莱尔摘银。

领奖台上，实现奖牌"零的突破"的叶乔波，将笑容留给了观众。但颁奖仪式结束后，她便痛哭不止，这枚奖牌的颜色本应是金灿灿的。

速度滑冰女子500米摘银后，叶乔波又在女子1000米的比赛中再次与金牌擦肩而过。首次参加冬奥会的她，由于经验不足，和教练配合略有瑕疵，最终滑出1分21秒92的成绩，以0.02秒的劣势又一次惜败布莱尔。

对金牌志在必得的叶乔波，最终饮恨1992年冬奥会。回国之后她更努力地训练，连续在世界杯、世锦赛等国际大赛中摘金。

在1994年利勒哈默尔冬奥会来临之前，命运又和她开了个玩笑。她的两个膝盖骨遭遇重伤，只能通过手术摘取膝盖中的碎骨。医生要求叶乔波静养一周，但她在手术第二天就开始下地行走，第三天就开始练习静蹲。

带着浑身伤病，她在1994年冬奥会速度滑冰女子500米比赛中拿到一枚铜牌。赛后，她只能坐着轮椅回到祖国。

面对困难和挑战时，她坚韧不拔、不屈不挠。"乔波精神"鼓舞着一代又一代中国运动员，中国速度滑冰的后辈也最终实现了冬奥金牌"零的突破"。

被迫转项
却破 34 年魔咒

速度滑冰和短道速滑同为冰上竞速项目，但比赛的规则和对运动员天赋的要求迥然不同。身高 1.74 米的张虹曾是一名短道速滑运动员，她练了 13 年短道速滑，却迟迟不能有所突破。

巨大的压力几乎击垮张虹的身体，而此时队里的领导建议她转项，选择题摆在她的面前。最终张虹勇敢地选择开始新的生涯，成为一名速度滑冰运动员。

本就出色的身高条件，加上短道速滑训练练就的弯道技术，让张虹在速度滑冰项目中如鱼得水，她逐渐成为中国队的王牌选手。

2014 年索契冬奥会，张虹首次站上冬奥会赛场。速度滑冰女子 500 米是张虹参加的首个项目，她以 0.1 秒的微弱劣势排名第 4 位，与奖牌擦肩而过。不过 1000 米才是张虹的主项，她相信自己可以发挥得更好。然而，坏消息在比赛前接二连三地传来，她发烧了，

还和上一届冬奥会冠军克里斯汀·内斯比特分在同一组。

速度滑冰的个人赛中，每组两位选手在内外道共同出发，所有参赛选手中用时最少的将获得比赛胜利。与内斯比特同组，无形中给了张虹巨大的压力。

2014年2月13日，索契冬奥会速度滑冰女子1000米的比赛正式打响。张虹在第7组出发，强劲的对手内斯比特站在她身旁。

开局之后，张虹呈现出让人惊讶的状态，表现完全胜过内斯比特。她的每一次摆臂都如此有力、她的滑行如此丝滑顺畅，就连解说员都忍不住感叹："张虹滑'疯'了！"

1分14秒02，张虹滑出了极其出色的成绩，内斯比特比她慢了1.6秒。接下来是漫长的等待时间，所有选手的成绩出炉后，张虹才能知道自己的排名。**伴随着最后两位选手到达终点，中国速度滑冰的冬奥金牌梦想，也终于宣告实现。**

1980年，首次参加冬奥会的中国体育代表团就报名了速度滑冰的项目。经过34年的等待，无数运动员付出汗水与血泪，中国速度滑冰终于斩获了首枚冬奥会金牌。

从被迫转项到冬奥冠军，张虹用坚持和勇气，换回了站在最高领奖台的这一刻。

给奖牌换个颜色的誓言

2018年平昌冬奥会，20岁的高亭宇一鸣惊人。他在速度滑冰男子500米的比赛中斩获铜牌，帮助中国男子速度滑冰实现冬奥奖牌"零的突破"。

初生牛犊不怕虎的高亭宇，并未因这枚奖牌过度兴奋，展望4年后的北京奥运会时，他说想坐着时光机去看看，自己有没有给奖牌换个颜色。

平昌冬奥会后，高亭宇饱受伤病困扰，却还是不断提升自己的水平。凭借在平昌冬奥会突破性的表现，以及在北京冬奥会前的出色发挥，他成为2022年北京冬奥会中国体育代表团的旗手。**这份巨大的荣耀，更加坚定了他想给奖牌换个颜色的决心。**

2022年2月12日，北京冬奥会速度滑冰男子500米比赛打响，高亭宇在第7组出发。8年前的索契冬奥会，同样是在第7组出发的张虹，完成了中国女子速度滑冰的突破。

这一次，高亭宇也能圆梦吗？

比赛开始后，高亭宇风驰电掣

地冲了出去，无论是直道的冲刺还是弯道的处理，他的表现都无可挑剔。风一样的少年呼啸着冲过终点线，高亭宇的成绩定格在耀眼的34秒32，该项目新的冬奥会纪录也就此诞生。

高亭宇拉开紧身衣的拉链喘着粗气，他还需要等待所有选手的比赛结束，才能确定自己是否能给奖牌换个颜色。

时间在此刻显得如此漫长，所有人都屏住呼吸等待最后的结果。伴随着最后一组选手冲过终点，高亭宇夺冠了，中国男子速度滑冰实现了冬奥金牌"零的突破"。

高亭宇身披国旗享受全场欢呼，颁奖仪式上，他跳上领奖台，复刻了当年刘翔夺冠后领奖的经典瞬间。谈到自己身为旗手是否背负压力时，高亭宇霸气地表示："当旗手没有压力，旗手就是要带领中国军团旗开得胜！"

北京冬奥会的闭幕式中，高亭宇再度成为中国体育代表团的旗手。潇洒的冰上飞人，高举五星红旗，享受着至高无上的荣耀。

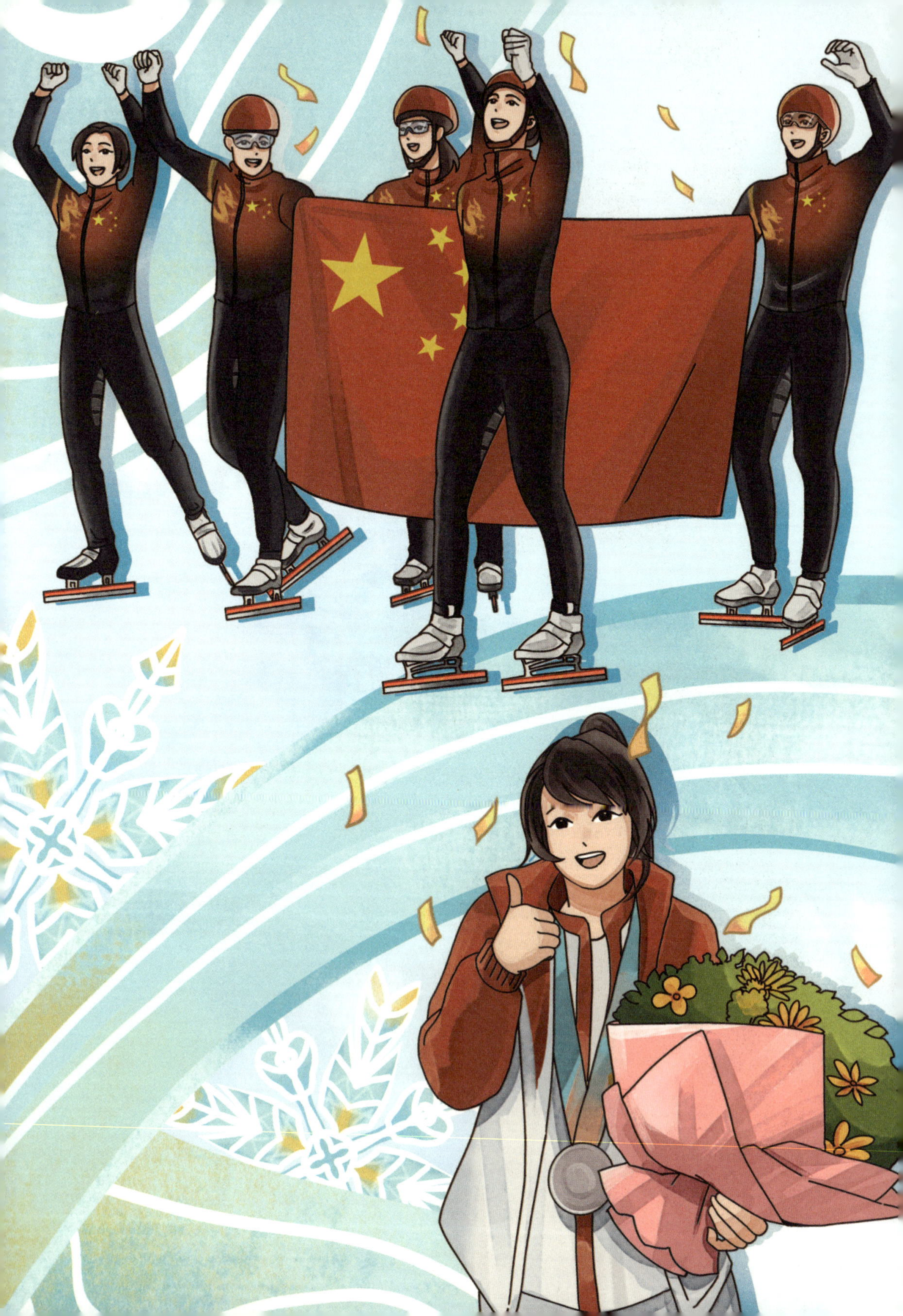

第五章

冰雪英雄梦
——永不停歇

她是"雪上公主",也是中国第一个自由式滑雪世界冠军李妮娜;她是极致努力的追梦人,也是终圆奥运奖牌梦的刘佳宇;他是"小栓子",也是意气风发的少年郎苏翊鸣。他们都有着共同的冰雪梦,他们逐梦前行的脚步永不停歇。他们共同证明了:精诚所至,金石为开。

"小栓子"冬奥赛场逞英雄

电影《智取威虎山》中，苏翊鸣扮演"小栓子"的角色，他的绰号也由此而来。年幼时，他便展现了出众的滑雪天赋。14岁时，苏翊鸣面临一个选择——是否要从事职业体育，参加在家门口举行的北京冬奥会？最终，他坚定地选择了职业道路，也为改写中国冰雪运动的历史埋下了伏笔。

站上2022年北京冬奥会的赛场上时，苏翊鸣还不满18岁。2月7日，北京冬奥会单板滑雪男子坡面障碍技巧决赛，苏翊鸣表现得非常出色，他在第二跳斩获88.70分，无限接近金牌。然而，裁判漏掉了加拿大选手马克斯·帕罗特的失误，后者也因此以2.26分的优势战胜苏翊鸣拿到金牌。

首秀遗憾摘银，苏翊鸣展现了超出年龄的豁达和成熟，他回忆说："我当时不会觉得误判可惜，我觉得这么多人在背后支持着我，好幸福。"

这枚银牌已经是中国单板滑雪首枚冬奥

会男子项目的奖牌,"小栓子"的冬奥梦实现了,但更大的惊喜还在前方等待他。

2月15日,北京冬奥会单板滑雪男子大跳台决赛打响。冬奥会前苏翊鸣两次参加大跳台项目的国际赛事,分别拿了倒数第一和第一。此番在家门口作战,苏翊鸣展现出了非凡的自信。

根据比赛规则,运动员需要完成三跳,成绩最好的两跳计入总分。前两跳苏翊鸣均奉献惊人的表演,几乎是毫无瑕疵地完成了所有高难度动作,雪白的场地见证了他飒爽的腾飞和无畏的落地。

前两跳苏翊鸣分别拿到89.50分和93.00分,总得分"断崖式"领先,金牌已经是他的囊中之物。

回顾当时的场景,苏翊鸣坦言:"我太紧张了,不停地深呼吸。"最终,苏翊鸣以总分182.50分拿到冠军,成为中国历史上首位单板滑雪奥运冠军。彼时还有3天才满18岁的苏翊鸣,也成为中国最年轻的冬奥冠军。

曾经的"小栓子"变成如今的奥运冠军,意气风发的少年郎勇敢无畏,写下中国冰雪运动的全新篇章。

"雪上公主"三连冠创历史

被誉为"雪上公主"的李妮娜，无疑是中国雪上项目的代表性人物。她是中国自由式滑雪空中技巧项目中的第一个世锦赛冠军、第一个世界杯总决赛冠军、第一个世界排名第一的运动员、第一个实现世锦赛三连冠壮举的运动员。

然而如此多的"第一"之中，李妮娜独缺冬奥会的第一名。她四战冬奥会两夺银牌，冬奥金牌近在咫尺却又咫尺天涯。

2005年3月，在自由式滑雪世锦赛女子空中技巧决赛中，李妮娜以197.37分夺得冠军，这是中国选手在自由式滑雪世锦赛上获得的第一个冠军。

携世锦赛夺冠之势，李妮娜站上2006年都灵冬奥会自由式滑雪女子空中技巧决赛的舞台。决赛第一跳，李妮娜跳出了100.81分，排名第二，有望冲击金牌。

然而瑞士选手伊芙琳·勒乌第二跳挑战高难度动作成功，拿到了107.93分的超级高分。李妮娜第二跳拿到96.58分，最终以总分

197.39分收获了一枚银牌。

都灵摘银后，李妮娜又在2007年和2009年的世锦赛中拿到冠军，实现了该项目世锦赛三连冠的壮举。2010年温哥华冬奥会，李妮娜对金牌可谓志在必得。

当地时间2月24日，温哥华冬奥会自由式滑雪女子空中技巧的决赛打响。李妮娜的发挥堪称完美，她在第二跳拿到了107.83分的高分，最终收获了207.23分的总分。然而澳大利亚名将莉迪亚·拉斯拉上演了更为惊艳的两跳，她以7.51分的优势战胜李妮娜拿到这个项目的金牌。**连续两届冬奥会摘银，李妮娜只能调侃自己："冠军变了，我没变。"**

2014年索契冬奥会前，李妮娜遭遇重伤，但她仍奋力站在了冬奥会的舞台上，最终拿到了第四名。

退役后的李妮娜成为北京申办冬奥会的形象大使，并代表中国做了申奥陈述。当国际奥委会主席巴赫宣布2022年冬奥会的举办地是北京时，李妮娜的泪水夺眶而出。

她的冬奥会金牌梦想未能实现，但是她以多重身份参与冬奥会的故事，已然成为传奇。

天才少女
摘银创历史

　　单板滑雪项目在中国起步比较晚，单板滑雪国家队直至2003年才成立，天才少女刘佳宇无疑是其中的佼佼者，她也承担着为中国单板滑雪队在世界大赛中取得突破的重任。

　　已经有世锦赛和世界杯冠军傍身的刘佳宇，站在了2018年平昌冬奥会的舞台上。此前两届冬奥会，她均遗憾错失奖牌。

　　当地时间2月13日，单板滑雪女子U型场地技巧决赛打响，刘佳宇表现得极其出色。她在第二轮比赛中选择了一套高难度的动作，她的空中飞跃又高又飘，空中姿态几乎完美，整套动作干净利落。最终，她拿到了89.75分的高分。凭借这次的出色发挥，她拿到了该项目的银牌。

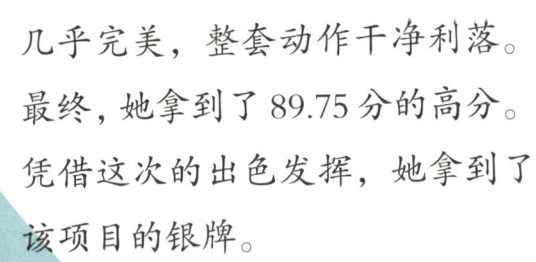

　　这枚银牌是中国单板滑雪的首枚冬奥奖牌，十五年磨一剑，中国单板滑雪终于实现了历史性的突破。

1 0.016 秒！
混合接力夺冠创历史

2022年北京冬奥会，短道速滑2000米混合接力成为正式比赛项目，实力强大的中国短道速滑队对这枚金牌志在必得。

半决赛中国队遭遇波折，武大靖第三个冲过终点后，中国队面临被淘汰的危险。然而裁判通过回放确定美国队和俄罗斯奥委会代表队犯规，中国队"死里逃生"进军决赛。

2月5日晚，紧张激烈的决赛打响。中国队与意大利队、匈牙利队、加拿大队展开决战，代表中国队出战的四名选手分别是范可新、曲春雨、任子威和武大靖。

比赛开局就陷入混战，意大利队一度领先，但中国队不久之后就占据了第一名的位置，随后四位运动员在交替滑行的过程中，依旧保持着优势。

最后冲刺阶段，意大利选手奋力追赶，但武大靖牢牢守住了优势。**2分37秒348，中国队以0.016秒的优势拿到冠军！这也是中国代表团在北京冬奥会中的首枚金牌！**

致敬冬奥会英雄谱

从1980年首战冬奥会，到2002年终圆首金梦，中国冰雪健儿用22年完成了"破冰之旅"。从2002年终夺冬奥首金，到2022年主场作战豪取9金4银2铜、位列金牌榜第三，中国冰雪健儿用20年实现了从弱到强的奇迹逆袭。漫漫征途之中，无数中国冰雪人克服万难，终至荣耀巅峰，留下了可歌可泣的英雄篇章。谨以冬奥会英雄谱，致敬逐梦步伐永不停歇的冰雪英雄。

1992年阿尔贝维尔冬奥会		
叶乔波	速度滑冰女子500米	银牌
叶乔波	速度滑冰女子1000米	银牌
李琰	短道速滑女子500米	银牌
1994年利勒哈默尔冬奥会		
张艳梅	短道速滑女子500米	银牌
陈露	花样滑冰女子单人滑	铜牌
叶乔波	速度滑冰女子1000米	铜牌
1998年长野冬奥会		
徐囡囡	自由式滑雪女子空中技巧	银牌
安玉龙	短道速滑男子500米	银牌
李佳军	短道速滑男子1000米	银牌
杨阳	短道速滑女子500米	银牌
杨阳	短道速滑女子1000米	银牌
杨扬/杨阳/王春露/孙丹丹	短道速滑女子3000米接力	银牌
陈露	花样滑冰女子单人滑	铜牌
李佳军/冯凯/袁野/安玉龙	短道速滑男子5000米接力	铜牌
2002年盐湖城冬奥会		
杨扬	短道速滑女子500米	金牌
杨扬	短道速滑女子1000米	金牌

李佳军	短道速滑男子1500米	银牌
杨扬/杨阳/王春露/孙丹丹	短道速滑女子3000米接力	银牌
申雪/赵宏博	花样滑冰双人滑	铜牌
李佳军/安玉龙/李野/冯凯/郭伟	短道速滑男子5000米接力	铜牌
王春露	短道速滑女子500米	铜牌
杨阳	短道速滑女子1000米	铜牌
2006年都灵冬奥会		
韩晓鹏	自由式滑雪男子空中技巧	金牌
王濛	短道速滑女子500米	金牌
张丹/张昊	花样滑冰双人滑	银牌
李妮娜	自由式滑雪女子空中技巧	银牌
王濛	短道速滑女子1000米	银牌
王曼丽	速度滑冰女子500米	银牌
申雪/赵宏博	花样滑冰双人滑	铜牌
李佳军	短道速滑男子1500米	铜牌
杨扬	短道速滑女子1000米	铜牌
王濛	短道速滑女子1500米	铜牌
任慧	速度滑冰女子500米	铜牌
2010年温哥华冬奥会		
申雪/赵宏博	花样滑冰双人滑	金牌
王濛	短道速滑女子500米	金牌
王濛	短道速滑女子1000米	金牌
周洋	短道速滑女子1500米	金牌
王濛/孙琳琳/张会/周洋	短道速滑女子3000米接力	金牌
庞清/佟健	花样滑冰双人滑	银牌
李妮娜	自由式滑雪女子空中技巧	银牌
柳荫/周妍/岳清爽/王冰玉/刘金莉	女子冰壶	铜牌
刘忠庆	自由式滑雪男子空中技巧	铜牌
郭心心	自由式滑雪女子空中技巧	铜牌
王北星	速度滑冰女子500米	铜牌
2014年索契冬奥会		
李坚柔	短道速滑女子500米	金牌
周洋	短道速滑女子1500米	金牌
张虹	速度滑冰女子1000米	金牌
徐梦桃	自由式滑雪女子空中技巧	银牌

武大靖	短道速滑男子 500 米	银牌
韩天宇	短道速滑男子 1500 米	银牌
范可新	短道速滑女子 1000 米	银牌
贾宗洋	自由式滑雪男子空中技巧	铜牌
韩天宇 / 陈德全 / 武大靖 / 石竟男	短道速滑男子 5000 米接力	铜牌
2018 年平昌冬奥会		
武大靖	短道速滑男子 500 米	金牌
隋文静 / 韩聪	花样滑冰双人滑	银牌
贾宗洋	自由式滑雪男子空中技巧	银牌
张鑫	自由式滑雪女子空中技巧	银牌
韩天宇 / 武大靖 / 陈德全 / 任子威 / 许宏志	短道速滑男子 5000 米接力	银牌
李靳宇	短道速滑女子 1500 米	银牌
刘佳宇	单板滑雪女子 U 型场地技巧	银牌
孔凡钰	自由式滑雪女子空中技巧	铜牌
高亭宇	速度滑冰男子 1000 米	铜牌
2022 年北京冬奥会		
隋文静 / 韩聪	花样滑冰双人滑	金牌
齐广璞	自由式滑雪男子空中技巧	金牌
徐梦桃	自由式滑雪女子空中技巧	金牌
谷爱凌	自由式滑雪女子 U 型场地技巧	金牌
谷爱凌	自由式滑雪女子大跳台	金牌
任子威	短道速滑男子 1000 米	金牌
曲春雨 / 武大靖 / 张雨婷 / 范可新 / 任子威	短道速滑 2000 米混合接力	金牌
苏翊鸣	单板滑雪男子大跳台	金牌
高亭宇	速度滑冰男子 500 米	金牌
谷爱凌	自由式滑雪女子坡面障碍技巧	银牌
贾宗洋 / 徐梦桃 / 齐广璞	自由式滑雪空中技巧混合团体	银牌
李文龙	短道速滑男子 1000 米	银牌
苏翊鸣	单板滑雪男子坡面障碍技巧	银牌
张雨婷 / 曲春雨 / 张楚彤 / 范可新 / 韩雨桐	短道速滑女子 3000 米接力	铜牌
闫文港	钢架雪车男子	铜牌

截至 2022 年北京冬奥会结束

冬奥会小百科

☆ 冬奥会介绍

冬奥会，全称为冬季奥林匹克运动会，是世界上规模最大的冬季综合性运动会，每四年举办一届。1924年法国的沙莫尼承办了第一届冬奥会，中国北京承办了2022年冬奥会。1994年起，冬奥会与夏季奥林匹克运动会相间举行。由于使用习惯，在日常生活、资讯报道、内容传播（包含本书）等方面，我们所说的奥运会一般指夏季奥运会，特殊语境和加限定词的除外，而冬奥会则泛指冬季奥运会。

☆ 项目介绍

滑雪项目： 包括单板滑雪、跳台滑雪、自由式滑雪、高山滑雪、越野滑雪、北欧两项和冬季两项。

单板滑雪：唯一使用单板的滑雪项目，结合了滑板和冲浪等运动技巧。运动员用身体特别是双脚控制速度和方向，在赛道上滑行、跳跃以及跨越障碍。

跳台滑雪：运动员两脚踏着滑雪板，沿着铺满雪的跳台飞速下滑，然后跃起，在空中完成不同难度的动作。

自由式滑雪：运动员需要在空中或雪上完成一系列规定动作和自选动作。极富观赏性，也被称为"雪原的杂技"。

高山滑雪：运动员利用滑雪板和滑雪杖，沿规定的山路滑降、转弯的一项雪上运动，需要速度与技巧相结合。

越野滑雪：运动员以滑雪板和滑雪杖为工具，滑行于山丘雪原的运动项目。赛道路线中的上坡、平地、下坡比例分别为1/3，选手需要使用传统式或自由式滑雪技巧进行比赛。

北欧两项：由跳台滑雪和越野滑雪组成，是冬奥会上唯一只限男子参加的项目。运动员的技术、胆量、耐力，缺一不可。

冬季两项：由射击与越野滑雪组成的一个项目。运动员要在滑雪的过程中，在指定地点完成射击。非常考验运动员的动静转换能力。

滑行项目： 包括雪车、钢架雪车和雪橇。三个项目比赛场地均为人工搭建，都需要借助滑行工具来完成比赛。

雪车：运动员坐在雪车里完成的比赛项目。两人或四人一组，前面的掌舵手负责调整方向，后面的制动选手负责刹车减速。

钢架雪车：运动员出发后推着雪车快速奔跑，然后趴在雪车上滑行，靠移动身体来控制方向，不能借助外力。

雪橇：运动员要仰卧在雪橇上，头在后，脚在前。每架雪橇都是根据运动员的身高、体重和身材量身打造的。

冰上项目： 包括短道速滑、速度滑冰、花样滑冰、冰球和冰壶五个项目，全都是在冰上完成的项目。

短道速滑：运动员要穿着带有冰刀的滑冰鞋比赛。有复杂的战术体系，比较强调团队配合，运动员在弯道超越对手时更是惊险刺激。

速度滑冰：与短道速滑接近，但场地更大，直道更长，侧重于滑行速度。冰刀要比短道速滑的长。

花样滑冰：运动员穿着华丽的服装和滑冰鞋，在冰上伴随优美的音乐完成各种舞蹈动作。对运动员的冰上技术与艺术表现力要求极高，堪称"冰上舞蹈"。

冰球：也叫冰上曲棍球，是一个团体项目，有较强的对抗性。运动员穿着特制的冰鞋、护具等，手持球杆把球打进对方的大门。

冰壶：属于投掷类的团体项目，非常有趣味性。各队要想办法把对手的石壶击打出大本营，并让自己的石壶更接近圆心。

本书所有数据统计截至2024年巴黎奥运会开赛前。